Bérengère Abraham / Fotos von Valérie Lhomme

# Tomaten, Bohnen, Paprika

## Kochen mit Sommergemüse

Jan Thorbecke Verlag

# Inhalt

# Sonnengemüse

# Tomatenkaltschale mit Erdbeeren
## und Mozzarellacreme

### Für die Kaltschale
* 4 Ochsenherz-Tomaten
* 250 g Erdbeeren, vorzugsweise Gariguette
* 3 EL Olivenöl
* 1 EL Balsamico-Essig
* 1 EL Zucker
* Salz und frisch gemahlener Pfeffer

### Für die Mozzarellacreme
* 2 Kugeln Büffel-Mozzarella
* 1 EL Olivenöl
* Meersalz (Fleur de Sel) und frisch gemahlener Pfeffer

**Für die Mozzarellacreme** den Mozzarella würfeln und zusammen mit dem Olivenöl, Salz und Pfeffer in eine Schüssel geben. Mit dem Handmixer zu einer dicklichen Creme verquirlen. Kühl stellen.

**Reichlich Wasser** zum Kochen bringen. Mit einem spitzen Küchenmesser die Haut der Tomaten kreuzweise einritzen. Die Tomaten 30 Sekunden in kochendem Wasser blanchieren, herausnehmen, kalt abschrecken und die Haut abziehen. Die Tomaten halbieren, Kerne entfernen und das Fleisch in grobe Stücke schneiden.

**Erdbeeren waschen,** das Grün abzupfen, halbieren und mit den Tomaten, Olivenöl, Essig, Salz und Pfeffer in einen Mixer auf höchster Stufe pürieren. Abschmecken, wenn nötig nachwürzen und kalt stellen.

**Unmittelbar vor dem Servieren** die Kaltschale erneut gut durchrühren, in vier Suppenschälchen über einige Eiswürfel geben. Mit einem Löffel Mozzarellacreme und eventuell einigen Walderdbeeren garnieren.

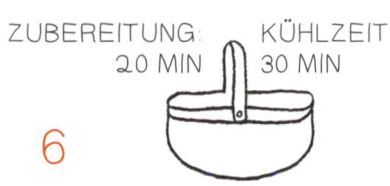

ZUBEREITUNG: 20 MIN   KÜHLZEIT: 30 MIN

FÜR 4 PERSONEN

# Geschmorte Kalmare mit Tomaten
## und Piment d'Espelette

**Kalmare ausnehmen:** Chitin und Innereien entfernen, gründlich waschen. Die Tentakel vom Kopf abtrennen, Schnabel entfernen. Die Paprikaschote und die Tomaten waschen und trocken tupfen. Kerngehäuse der Paprika entfernen; Paprika in feine Streifen, Tomaten in grobe Stücke schneiden.
**Die Zwiebel und den Knoblauch** rasch in Olivenöl anschwitzen, die Tuben und Tentakel der Kalmare dazu geben und fünf Minuten braten. Etwas Flüssigkeit abschöpfen. Tomaten, Thymian, Rosmarinnadeln, Gewürze und die fein geschnittene Paprikaschote in die Pfanne geben. Salzen und pfeffern. Bei geschlossenem Deckel 20 Minuten dünsten lassen.
**Den Deckel von der Pfanne nehmen** und die Zutaten auf kleiner Flamme weitere 20 Minuten köcheln lassen. Abschmecken, wenn nötig nachwürzen und sofort servieren.

* 1,5 kg kleine Kalmare (Calamaretti)
* 1 Rote Paprika
* 5 Tomaten
* 1 Zwiebel, in dünne Scheiben geschnitten
* 2 Knoblauchzehen, fein gehackt
* 3 EL Olivenöl
* 2 frische Thymianzweige
* 2 Rosmarinzweige
* 1 TL Paprikapulver
* 1 Prise Piment d'Espelette (franz. Chilimischung)
* Salz und frisch gemahlener Pfeffer

FÜR
4 PERSONEN

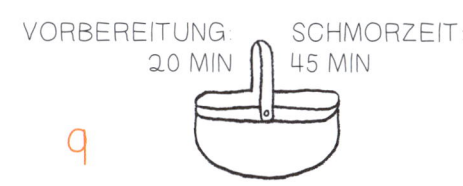

VORBEREITUNG:          SCHMORZEIT:
20 MIN              45 MIN

# Tomaten-Konfitüre
## mit Vanille

* 1 kg Tomaten der Sorte Andenhorn
* 300 g Zucker
* 100 g flüssiger Honig
* 1 Vanilleschote

Reichlich Wasser in einem großen Topf zum Kochen bringen. Mit einem spitzen Küchenmesser die Haut der Tomaten kreuzweise einschneiden. Die Tomaten 30 Sekunden in sprudelndes Wasser geben, herausnehmen, kalt abschrecken und häuten. Tomaten halbieren, die Kerne ausschaben, das Fleisch in Stücke schneiden.

Tomatenstücke mit Zucker und Honig in einen Kochtopf geben. Die Vanilleschote halbieren und zu den Tomaten geben. 30 Minuten auf kleiner Flamme köcheln lassen. Die Masse durch ein Sieb geben, den Sirup auffangen, zurück in den Topf geben und weitere 20 Minuten kochen. Danach die Tomaten erneut in den Sirup geben und zehn Minuten weiterkochen, bis die Masse eine dickliche Konsistenz angenommen hat.

Die Konfitüre mit den Vanilleschotenhälften auf saubere Weckgläser verteilen, sofort verschließen, auf den Deckel stellen und auskühlen lassen.

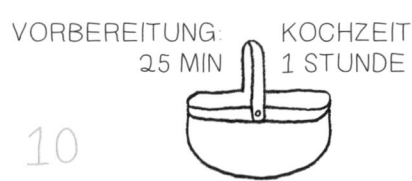 Für den Geliertest eine Untertasse in das Gefrierfach stellen. Einen Tropfen Konfitüre auf das kalte Porzellan geben. Erstarrt die Masse sofort, ist die Konfitüre fertig. Bleibt sie zu flüssig, kurz weiter kochen lassen und den Test wiederholen.

FÜR
2 EINMACHGLÄSER
Á 250 GR

VORBEREITUNG:
25 MIN

KOCHZEIT:
1 STUNDE

# Frittierte Zucchiniblüten

* 12 Zucchiniblüten
* 100 g Mehl
* 10 g Backpulver

* 250 ml Eiswasser
* Meersalz (Fleur de Sel)
* Frittieröl

**In einer Schüssel** Mehl, Backpulver und Salz mischen. Danach Portionsweise das Eiswasser einrühren. 15 Minuten ruhen lassen.
**Das Frittieröl in einem Topf erhitzen.** Jede Zucchiniblüte zuerst in den Teig tauchen und dann 2 Minuten rund herum in heißem Öl frittieren.
**Mit Meersalz** bestreuen und sofort servieren.

 Die in Südfrankreich und Italien sehr beliebten Zucchiniblüten im Teigmantel sind einfach zuzubereiten. Man sollte lediglich darauf achten, dass der Frittierteig eiskalt und das Öl sehr heiß ist, damit die Teighülle knusprig wird. Eine besondere Geschmacksnote erhält der Frittierteig, würzt man ihn mit Kümmel, Kreuzkümmel oder zum Beispiel mit Curry. Fortgeschrittene können die Zucchiniblüten mit Kräutern oder Frischkäse füllen.

ZUBEREITUNG: 15 MIN
RUHEZEIT: 15 MIN

FRITTIERZEIT:
2 MINUTEN PRO BLÜTE

FÜR 4 PERSONEN

# Salat aus rohen
## Zucchini-Tagliatelle

* 1 Handvoll Vogelmiere
* 4 kleine Zucchini
* einige Basilikumblätter
* Rosa Pfeffer
* Salz und Pfeffer aus der Mühle

### Für die Vinaigrette
* 1 EL flüssiger Honig
* 4 EL Olivenöl
* Saft 1 Zitrone

**Für die Vinaigrette** den Honig in einem kleinen Topf sanft erhitzen. Olivenöl und Zitronensaft einrühren. Alles kräftig aufschlagen und beiseite stellen.

**Die Vogelmiere** waschen und trocken tupfen. Die Zucchini waschen und abtrocknen. Mit einem Sparschäler in dünne Streifen schneiden, die an Tagliatelle erinnern.

**Die Zucchinistreifen** auf 4 Schalen verteilen. Die Vogelmiere, die Basilikumblätter und grob zerstoßene rosa Pfefferkörner darüber streuen. Salzen und pfeffern. Schließlich mit der Honigvinaigrette übergießen und 20 Minuten kalt stellen. Genießen Sie diesen Salat mit gegrilltem Kalb- oder Hähnchenfleisch oder einer frischen Burrata (italienischer Frischkäse im Mozzarellasäckchen).

Vogelmiere ist ein sehr gesundes Wildkraut und lässt sich gut unter Salat, Pesto oder in die Suppe mischen. Süß und zart im Geschmack, verleiht sie diesem Rezept ein besonderes Aroma.

ZUBEREITUNG:
20 MIN

KÜHLZEIT:
20 MIN

14

FÜR
4 PERSONEN

# Rondini gefüllt mit Kalbfleisch und Käse

Den Backofen auf 180 °C vorheizen.

Die Rondini im Ganzen in sprudelndem Salzwasser 15 Minuten kochen. Herausnehmen, kalt abschrecken und einen Deckel abschneiden. Das Fruchtfleisch ausschaben. Die Hälfte des Fruchtfleisches in kleine Stücke schneiden. Den Mozzarella würfeln.

In einer Schüssel das gewürfelte Zucchinifleisch, das Kalbshackfleisch, Mozzarella, Pinienkerne, Sonnenblumenkerne und Leinsamen sowie die Bohnenkrautblätter gründlich mischen. Salzen und pfeffern. Die Zucchini mit dieser Farce füllen, in eine Auflaufform stellen, mit Olivenöl beträufeln und 30 bis 35 Minuten im Backofen backen.

 Dieses schnelle und einfache Rezept lässt sich je nach Wunsch und Geschmack verändern. Zum Beispiel indem man unterschiedliche Zucchinisorten, längliche oder runde, grüne, gelbe oder sogar weiße verwenden. Auch die Füllung können Sie variieren, etwa mit Geflügel-, Lamm- oder Rinderhackfleisch. Und schließlich können Sie die unterschiedlichsten Kräuter und Gewürze verwenden.

* 4 Rondini (runde Zucchini)
* 1 Kugel Mozzarella (125 g)
* 200 g Hackfleisch vom Kalb
* 1 EL Pinienkerne
* 1 EL Sonnenblumenkerne
* 1 EL Leinsamen
* 5 Zweige Bohnenkraut
* 1 EL Olivenöl
* Meersalz (Fleur de Sel) und Pfeffer aus der Mühle

ZUBEREITUNG: 20 MIN    BACKZEIT: 50 MIN

FÜR 4 PERSONEN

17

# Pluma vom Ibérico-Schwein

## mit Auberginen von der Grillplatte

**Mit einem Gemüsehobel** die Auberginen in sehr dünne Scheiben schneiden.

**Grillplatte** oder den Grill anheizen und mit Olivenöl bestreichen. Die beiden Pluma-Stücke fünf Minuten auf jeder Seite grillen. Ein paar Minuten vor Ende der Grillzeit die Auberginenscheiben dazulegen und auf beiden Seiten goldbraun braten. Alles salzen, pfeffern und mit Thymianblättern und gerösteten Pinienkernen bestreuen.

**Die Plumas in dicke Scheiben** schneiden und wenn nötig, nachwürzen. Sofort servieren.

Pluma ist ein spitz zulaufender, flacher Muskel aus dem vorderen Rücken, der so genannte Rückendeckel. Dieses Stück ist nicht leicht zu bekommen, aber es lohnt sich, danach zu suchen.

Beim Ibérico-Schwein ist die Pluma ein außergewöhnlich schmackhaftes, von einer feinen Fettmaserung durchzogenes Fleischstück, das, wenn möglich, außen knusprig gegrillt und innen saftig und rosa sein sollte. Man genießt sie auch gern mit eingelegten Peperoni.

* 3 Auberginen
* 2 EL Olivenöl
* 2 Plumas (Rückendeckel) vom Ibérico-Schwein
* 2 Zweige Zitronenthymian
* einige Pinienkerne
* Meersalz (Fleur de Sel) und Pfeffer aus der Mühle

ZUBEREITUNG:
10 MIN

GRILLZEIT:
10 BIS 15 MIN

FÜR
4 PERSONEN

19

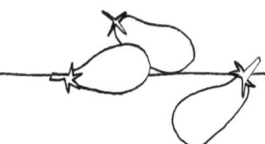

# Tarte Tatin mit Auberginen und Pinienkernen

* 1 Aubergine
* 5 EL Olivenöl
* 2 EL Vollrohrzucker (Mascobado)
* 50 g Pinienkerne
* 1 Rolle Fertig-Blätterteig
* Meersalz (Fleur de Sel) und frisch gemahlener Pfeffer

Für Fans der Tarte Tatin ist diese Version ein Muss. Sie schmeckt leicht süß-salzig, und das weiche Fruchtfleisch der Aubergine passt wunderbar zum knusprigen Teig. Zwischen Auberginen und Teig können Sie noch eine Füllung aus getrockneten Tomaten, Kräutern, Pesto oder Ölsardinen hinzufügen.

**Den Backofen** auf 180 °C vorheizen. Eine Tarteform dünn mit Öl ausstreichen.

**Die Aubergine waschen,** abtrocknen und in Scheiben schneiden. Die Auberginenscheiben in einer Pfanne mit Olivenöl goldgelb rösten.

**Den Boden der Tarteform** mit Zucker bestreuen und die Pinienkerne darüber verteilen. Mit den Auberginenscheiben rosettenförmig belegen, salzen und pfeffern. Anschließend den Blätterteig darüber decken, zwischen Füllung und Rand der Form nach innen einschlagen und mit einer Gabel mehrfach anstechen. Die Tarte 30 Minuten lang backen.

**Aus dem Ofen nehmen** und mit einem Messer am Rand der Tarteform entlangfahren, um den Teig zu lösen. Fünf Minuten abkühlen lassen, dann die Tarte auf eine Kuchenplatte stürzen. Sofort genießen.

VORBEREITUNG: 20 MIN
BACKZEIT: 35 MIN

FÜR 4 PERSONEN

# Gegrillte Paprika, eingelegt
## mit Anchovis und Kapern

* 2 knackige Paprikaschoten
* 20 eingelegte Anchovis
* 20 Kapern
* 3 EL Olivenöl
* Meersalz (Fleur de Sel) und Pfeffer aus der Mühle

**Den Grill** des Backofens vorheizen.

**Paprikaschoten waschen,** auf ein Backblech legen und auf die oberste Schiene unter den Grill schieben. Die Paprikaschoten grillen und dabei von Zeit zu Zeit wenden, damit die Haut gleichmäßig geröstet wird. Das dauert etwa 15 Minuten.

**Die Paprikaschoten herausnehmen,** in eine Schüssel legen und mit Klarsichtfolie abdecken. 15 Minuten ruhen lassen, dann häuten. Die Schoten halbieren und in Streifen schneiden, dabei das Kerngehäuse herauslösen. Abkühlen lassen.

**Die Paprikastreifen** auf einem Teller anrichten, die eingelegten Anchovis und die Kapern hinzugeben und alles mit Olivenöl beträufeln. Salzen und pfeffern. Gut durchrühren. Vor dem Verzehr mindestens 30 Minuten an einem kühlen Ort ziehen lassen.

Marinierte, gegrillte Paprika können sowohl im Backofen als auch auf dem Gartengrill zubereitet werden. Sie schmecken in verschiedenen Salaten, zu gegrilltem Fleisch oder zum Beispiel mit Feta und Oliven. In einem gut verschlossenen Glasbehälter und mit Olivenöl bedeckt, halten sie sich gut zehn Tage im Gemüsefach des Kühlschranks.

VORBEREITUNG: 20 MIN
GRILLZEIT: 15 MIN
RUHEZEIT: 15 MIN
MARINIERZEIT: 30 MIN

FÜR 4 PERSONEN

22

# Provenzalische Tian:

# Sommergemüse-Gratin

* 1 gelbe Paprikaschote
* 1 Zucchini
* 1 Aubergine
* 3 Tomaten

* 2 EL Olivenöl
* 8 Scheiben Tiroler Speck
* 2 frische Rosmarinzweige
* Meersalz (Fleur de Sel) und Pfeffer a. d. Mühle

**Backofen auf** 180 °C vorheizen.
**Das Gemüse waschen, trocken tupfen,** putzen und in schmale Scheiben schneiden. Die Speckscheiben der Länge nach halbieren.
**Eine Auflaufform mit Öl ausfetten,** die Gemüsescheiben dachziegelartig aufrecht einschichten.

**Den Speck und die Rosmarinnadeln** darüber verteilen, salzen, pfeffern und mit dem restlichen Olivenöl beträufeln. 30 Minuten im Ofen backen. Wenn das Gemüse goldbraun ist, mit einem Messer anstechen, um zu testen, ob es weich ist, und sofort servieren.

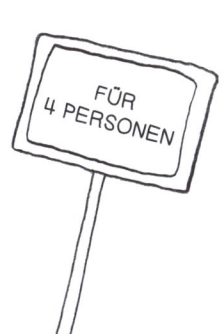 Der *Tian* ist ein typisch südliches Sommergericht aus sonnenreifem Gemüse, das, wenn man Glück hat, aus dem eigenen Gemüsegarten kommt! Wählen Sie knackiges Gemüse und verwenden Sie gerne auch weniger bekannte Sorten, wie zum Beispiel grüne Tomaten, gelbe oder weiße Zucchini oder gestreifte Auberginen. Und geben Sie Peperoni, Kräuter Ihrer Wahl oder auch eine Prise Piment d'Espelette hinzu.

FÜR
4 PERSONEN

# Hülsenfrüchte

# Salat aus Dicken Bohnen und Zuckererbsen

**In zwei Töpfen** reichlich Salzwasser zum Kochen bringen. Im ersten Topf die Bohnenkerne 5 Minuten blanchieren. Aus dem Wasser nehmen, kalt abschrecken, die ledrige äußere Haut abziehen und die Bohnen direkt in eine Schale mit kaltem Wasser geben. Im zweiten Topf die Zuckererbsen 7 Minuten kochen. Abseihen, kalt abschrecken, um den Kochvorgang zu unterbrechen, und in Eiswasser vorhalten.

**Die Frühlingszwiebeln** waschen und trocken tupfen. Den weißen Teil in dünne Scheiben schneiden. Minze waschen und fein hacken.

**Dicke Bohnen und Erbsen** abseihen und gut abtropfen lassen. Mit Zwiebeln und Minze in eine Schüssel geben. Salzen und pfeffern, mit Olivenöl beträufeln und bis zum Verzehr kühl stellen.

* 500 g frisch ausgelöste Dicke Bohnen, ungeschält
* 400 g frisch ausgelöste Erbsen
* 3 Frühlingszwiebeln
* 20 Minzblätter
* 2 EL Olivenöl
* Meersalz (Fleur de Sel) und Pfeffer aus der Mühle

ZUBEREITUNG: 20 MIN

KOCHZEIT: 12 MIN

29

FÜR 4 PERSONEN

# Belegte Brote mit Bohnencreme,

## Zwiebeln und Salatherzen

* 300 g frisch ausgelöste Dicke Bohnen, ungeschält
* 75 g Schafsfrischkäse
* 3 EL Faisselle (franz. Quarkspezialität, s. S. 72)
* 3 EL Crème fraîche

* 1 EL Balsamicoessig
* 4 Salatherzen ("Little Gem", s. S. 72)
* 3 junge Zwiebeln
* 4 Scheiben Roggenbrot
* Meersalz (Fleur de Sel) und Pfeffer aus der Mühle

**Die Bohnenkerne 5 Minuten** in kochendem Salzwasser blanchieren. Abseihen, kalt abschrecken und die ledrige Haut abziehen. Nach und nach in eine Schüssel mit kaltem Wasser geben und vorhalten.

**In einer Schüssel den Schafskäse** mit dem Quark und der Crème fraîche mischen. Alles gut durchrühren, salzen, pfeffern und den Balsamicoessig einrühren.

**Salatherzen waschen,** schleudern und in Scheiben schneiden. Die Zwiebeln schälen und klein schneiden. Die Bohnenkerne abseihen. Eine Handvoll Bohnen und Zwiebeln beiseite stellen. Salat sowie den Rest der Bohnen und Zwiebeln unter die Frischkäsemischung rühren.

**Kurz vor dem Servieren** die Brotscheiben leicht anrösten. Mit der Käsecreme bestreichen, die vorgehaltenen Bohnenkerne und Zwiebeln darüber streuen, salzen und pfeffern. Sofort servieren.

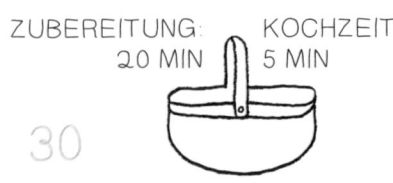 Diese leckeren, herzhaften Cremeschnitten sind einfach und schnell zuzubereiten und lassen sich klein geschnitten als improvisierte Appetithäppchen servieren. Ebenso kann der Belag je nach Wunsch und Vorliebe variieren. Für ein kräftigeres Aroma empfehlen sich zum Beispiel Ziegenkäse oder ein Sahnequark aus Rohmilch. Frische Kräuter wie Zitronenverbene oder Majoran sind ebenfalls einen Versuch wert.

FÜR 4 PERSONEN

ZUBEREITUNG: 20 MIN

KOCHZEIT: 5 MIN

# Zuckererbsen auf französische Art

## im Schmortopf

**Die Erbsen auslösen.** Salat waschen, schleudern und in Streifen schneiden. Die Zwiebeln putzen und die grünen Teile entfernen.

**In einem Schmortopf** die Butter schmelzen und die Zwiebeln leicht anschwitzen, ohne sie braun werden zu lassen. Den Speck dazugeben und leicht anbraten. Anschließend die Erbsen hinzufügen und unterrühren. Mit Zucker bestreuen, die Salatstreifen unterheben und Wasser angießen, so dass das Gemüse knapp bedeckt ist.

**Zum Kochen bringen.** Zehn Minuten zugedeckt köcheln lassen. Ohne Deckel weitere zehn Minuten dünsten. Leicht salzen und pfeffern. Heiß servieren.

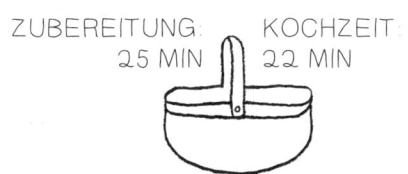 Anders als bei Erbsen auf englische Art, die man in reichlich Wasser kocht, werden sie bei der französischen Methode in einem Fond aus Wasser und Butter gedünstet. Fügen Sie je nach Geschmack Karotten hinzu und ersetzen Sie den geräucherten durchwachsenen Speck durch Tiroler Speck oder in Würfel geschnittenen guten Rohen Schinken. Achten Sie darauf, dass das Gemüse nicht verkocht. Nur so bleiben die Erbsen schön grün – und einfach köstlich.

* 2 kg junge Zuckererbsenschoten
* 1 Romana-Salatherz ("Little Gem", s. S. 72)
* 10 Frühlingszwiebeln
* 20 g mild gesalzene Butter (demi-sel)
* 150 g geräucherter durchwachsener Speck in Würfeln
* 1 TL Zucker
* Salz und Pfeffer aus der Mühle

ZUBEREITUNG:
25 MIN

KOCHZEIT:
22 MIN

33

FÜR
4 PERSONEN

# Conchiglioni mit Zuckererbsen und Minzcreme

* 250 g junge, ausgelöste Erbsen
* 1 Scheibe Schinken (5 mm dick)
* 500 g Conchiglioni (Muschelnudeln)
* Meersalz (Fleur de Sel) und Pfeffer aus der Mühle

**Für die Minzcreme**
* 5 Minzezweige
* 200 ml Schlagsahne

**Für die Minzcreme** vier Stängel Minze waschen und trocken schleudern. Die flüssige Sahne in einem kleinen Topf erhitzen. Die Minze hineingeben. Von der Kochstelle nehmen und 20 Minuten ziehen lassen.

**In der Zwischenzeit** die Erbsen in kochendem Salzwasser 5 Minuten blanchieren, abseihen, kalt abschrecken und beiseite stellen. Den Schinken würfeln und ebenfalls beiseite stellen.

**Die Muschelnudeln** in reichlich sprudelndem Salzwasser nach Packungsangabe bissfest kochen.

**Die Blätter vom letzten Minzezweig** währenddessen fein hacken. Die Creme durch ein Sieb in eine Schwenkpfanne umfüllen. Die Schinkenwürfel und Erbsen unterheben. Die fertige Pasta abseihen und ebenfalls in die Schwenkpfanne geben. Gut durchmischen. Salzen, pfeffern, die gehackte Minze darüberstreuen und sofort servieren.

ZUBEREITUNG: 20 MIN    KOCHZEIT:
ZIEHZEIT: 20 MIN    20 MIN

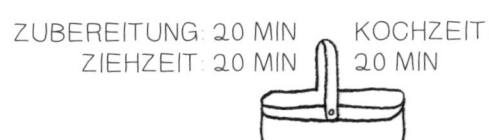

FÜR 4 PERSONEN

# Lammragout mit Kräutern

* 1 Zwiebel
* 1 Knoblauchzehe
* 1,2 kg Lammschulter, ohne Knochen
* 3 EL Olivenöl
* 15 g Mehl
* 1 Tomate, gewürfelt
* 200 ml Weißwein
* 1 Bouquet garni (s. S. 72)
* 2 gelbe Karotten
* 2 orange Karotten
* 200 g junge, frische Zuckererbsen
* 200 g Zuckerschoten, geputzt und ohne Fäden
* 200 g Gartenbohnen, geputzt, ohne Fäden und Enden
* Salz und frisch gemahlener Pfeffer

**Die Zwiebel schälen** und in dünne Scheiben schneiden. Knoblauch schälen und grob hacken. Das Lammfleisch in gleichmäßige Stücke schneiden. Salzen und pfeffern.

**In einem großen Schmortopf** das Lammfleisch im heißem Olivenöl von allen Seiten scharf anbraten. Zwiebeln und Knoblauch hinzufügen und alles leicht bräunen. Das Fleisch mit Mehl bestäuben, die Tomatenwürfel dazu geben, durchrühren und den Wein angießen. Wenn nötig, noch etwas Wasser hinzufügen, so dass das Fleisch knapp bedeckt ist. Das Bouquet garni einlegen und den Schmortopf bei geschlossenem Deckel eine Stunde auf kleiner Flamme schmoren lassen, dabei regelmäßig umrühren.

**Währenddessen** das Gemüse waschen, Karotten schälen und in Scheiben schneiden. Reichlich Salzwasser in zwei Töpfen zum Kochen bringen. Im ersten die Karotten 10 Minuten kochen. Im zweiten das grüne Gemüse ebenfalls 10 Minuten garen.

**Ist das Fleisch weich,** das Gemüse abseihen und unterheben. Abgedeckt weitere 5 bis 10 Minuten auf kleiner Flamme köcheln lassen. Kurz vor dem Servieren das Schmorgericht abschmecken und eventuell mit gehacktem frischen Koriander bestreuen.

FÜR 4 PERSONEN

# Lauwarmer Bohnensalat mit
## Schellfisch und Zitronencreme

* 1 kg Gartenbohnen
* 20 Kartoffeln, kleine Sortierung (Drillinge)
* 400 g geräuchertes Schellfischfilet ("smoked haddock")
* 1/2 unbehandelte Zitrone
* 4 EL Crème fraîche
* 2 EL Olivenöl
* Meersalz (Fleur de Sel) und Pfeffer aus der Mühle

**Bohnen putzen und waschen.** Kartoffeln waschen und gründlich abbürsten. Zwei Töpfe mit Salzwasser zum Kochen bringen. Im ersten die Kartoffeln 15 Minuten garen. Im zweiten die Bohnen 10 bis 12 Minuten kochen. Sie sollten dann noch fest und grün sein. Das Gemüse aus dem Wasser nehmen. Die Bohnen kalt abschrecken. **Das Schellfischfilet** mit einem sehr scharfen Messer in hauchdünne Scheiben schneiden. Die Zitronenschale abreiben und die Zitrone auspressen. Zitronensaft in die Crème fraîche rühren, salzen und pfeffern. Die noch lauwarmen Bohnen auf 4 Schalen verteilen. Die halbierten Kartoffeln und den Fisch dazu geben. Salzen, pfeffern, mit Zitronenabrieb bestreuen. Olivenöl darüber träufeln. Schließlich je einen Löffel Zitronencreme daraufsetzen und sofort servieren.

Sie können den Schellfisch auch in einer siedenden Wasser-Milch-Mischung 5 Minuten garen, ehe Sie ihn unter den Salat mischen.

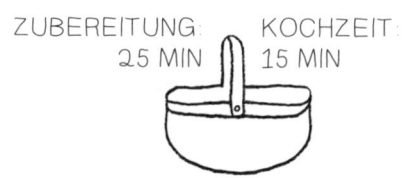

ZUBEREITUNG: 25 MIN  KOCHZEIT: 15 MIN

FÜR 4 PERSONEN

38

# Salat aus Borlottibohnen und Tomaten

* 4 Tomaten
* 1 Zucchini
* 1 Zwiebel
* 1 Knoblauchzehe
* 1 EL Olivenöl
* 1 Lorbeerblatt

* 1 frischer Thymianzweig
* 300 g frische Borlotti-Bohnenkerne
* 4 Frühlingszwiebeln
* 1 Bund Minze
* Meersalz (Fleur de Sel) und frisch gemahlener Pfeffer

Tomaten und Zucchini waschen und abtrocknen. In Würfel schneiden. Zwiebel und Knoblauch schälen und in Scheiben schneiden, anschließend kurz in Olivenöl in einer Schmorpfanne anschwitzen. Tomaten- und Zucchini-Würfel, das Lorbeerblatt und den Thymian hinzugeben, salzen, pfeffern und gut umrühren. Die Bohnenkerne darübergeben, ohne sie unterzumischen. Auf sehr kleiner Flamme bedeckt 40 Minuten dämpfen.
Sind die Gemüse gar, alles gut durchmischen und abschmecken. Abkühlen lassen und anschließend 2 Stunden in den Kühlschrank stellen.

Währenddessen die Frühlingszwiebeln waschen, trocken tupfen und in feine Scheiben schneiden. Minze waschen und klein hacken. Ist der Bohnensalat gut gekühlt, Zwiebeln und Minze unterheben. Den Salat weiter kühlen, bis er serviert wird.

Die Bohnen können Sie auch warm als Beilage zu gegrilltem Fisch oder Fleisch servieren. In diesem Fall Minze und Frühlingszwiebeln weglassen.

FÜR 4 PERSONEN

ZUBEREITUNG 20 MIN

KOCHZEIT: 40 MIN
KÜHLZEIT: 2 STUNDEN

40

# Schnittbohnen mit Doraden-
# Carpaccio und Ingwer-Vinaigrette

* 500 g breite Grüne Bohnen (Schnittbohnen)
* Meersalz (Fleur de Sel) und Pfeffer aus der Mühle

### Für das Carpaccio
* 500 g Doradenfilets
* 2 EL Olivenöl
* Saft von 1 Zitrone

### Für die Vinaigrette
* 4 cm frische Ingwerwurzel
* 1 EL Senf
* 1 EL weißer Balsamicoessig
* 2 EL Olivenöl

**Für das Carpaccio** mit einem scharfen Messer die Doradenfilets in hauchdünne Scheiben schneiden. Auf einer tiefen Platte anrichten und mit Olivenöl und Zitronensaft beträufeln. Mit Klarsichtfolie abdecken und eine Stunde im Kühlschrank ziehen lassen.

**In der Zwischenzeit** die Bohnen putzen, von den Enden befreien und zehn Minuten in sprudelndem Salzwasser kochen. Abseihen und kalt abschrecken. Anschließend schräg in mundgerechte Stücke schneiden. Beiseite stellen.

**Für die Vinaigrette** die Ingwerwurzel schälen und in eine Schale reiben. Senf, Essig und Olivenöl hinzufügen und cremig rühren.

**Die Bohnen** auf Teller verteilen und mit der Vinaigrette beträufeln. Einige Scheiben Dorade dazu geben, salzen, pfeffern und servieren.

VORBEREITUNG: 20 MIN   KOCHZEIT:
MARINIERZEIT: 1 H      10 MIN

FÜR
4 PERSONEN

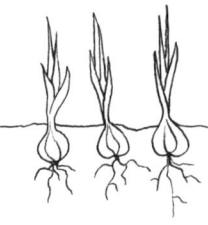

# Salat von breiten Bohnen
## mit marinierten Sardinen

* 12 frische Sardinen
* 1 kleine Karotte
* 2 Frühlingszwiebeln
* 1/2 Knoblauchzehe
* 2 EL Olivenöl
* 75 g Pinienkerne
* 1 TL Zucker

* 250 ml Weinessig
* 2 frische Thymianzweige
* 1 Lorbeerblatt
* 500 g breite Grüne Bohnen
  (Schnittbohnen)
* Meersalz (Fleur de Sel) und frisch
  gemahlener Pfeffer

**Die Sardinen waschen,** schuppen und den Kopf abtrennen. Die Karotte schälen und würfeln. Die Frühlingszwiebeln waschen, schälen und in Scheiben schneiden. Knoblauch schälen und hacken.

**In einer Pfanne die Sardinen** in heißem Olivenöl von allen Seiten knusprig braten. Auf einer tiefen Platte vorhalten. Karottenwürfel, Zwiebeln und Knoblauch 5 Minuten anschwitzen, nicht bräunen. Die Hälfte der Pinienkerne und den Zucker dazu geben. Die gesamte Menge Essig auf

einmal angießen. Die Gewürze hinzufügen, aufkochen und den Sud über die Sardinen gießen. Abkühlen lassen und 6 Stunden in den Kühlschrank stellen.

**Die breiten Grünen Bohnen** 15 Minuten in kochendem Salzwasser garen. Abtropfen lassen und kalt abschrecken. Die restlichen Pinienkerne ohne Fett in der Pfanne kurz rösten. Die Bohnen mit den Pinienkernen bestreuen, salzen, pfeffern und zusammen mit einigen Sardinen in der Marinade servieren.

FÜR
4 PERSONEN

ZUBEREITUNG: 35 MIN    MARINIERZEIT:
KOCHZEIT: 20 MIN    6 STUNDEN

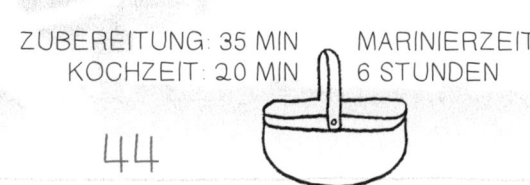

44

Gemüse im Bund _____

# Carpaccio von gemischtem Gemüse

* 6 knackige Radieschen
* 2 Frühlingszwiebeln
* 1 Bund grüner Spargel
* 1/4 Salatgurke
* 1/2 Zucchini
* 3 kleine, grün-violette Artischocken (Poivraden-Artischocken)
* Saft einer Limette
* 3 EL Olivenöl
* frische Kräuter (Schnittlauch, Basilikum, Koriander oder Majoran ...)
* Salz und Pfeffer aus der Mühle

**Das Gemüse** waschen und trocken tupfen. Mit einem Küchenhobel Radieschen, Zwiebeln, Spargel, Gurke und Zucchini in hauchdünne Scheiben schneiden.

**Die harten Hüllblätter** der Artischocken rundum abziehen, die restlichen Blätter und das Heu abschneiden, so dass nur noch der Boden übrig bleibt. Mit einem scharfen, kleinen Küchenmesser verbliebene grüne Stellen und Heureste entfernen. Mit der Hälfte des Limettenensafts beträufeln und anschließend in Scheiben hobeln.

**Das geschnittene Gemüse** gleichmäßig auf Tellern verteilen, mit Olivenöl und dem restlichen Limettensaft beträufeln. Salzen, pfeffern und mit Kräutern betreuen: Schnittlauch, Koriander, Basilikum oder auch Majoran. Genießen Sie dieses Carpaccio zu rohem oder gegrilltem Fisch oder zu gebratenen Kalmaren.

Dieses Gericht lässt sich auf tausend Arten abwandeln. Wichtig ist lediglich die Verwendung von bestem, schmackhaftem, frischem und sonnengereiftem Gemüse. Probieren Sie ruhig auch Kombinationen mit fein geschnittenen Tomaten, Pfirsichen, Erdbeeren oder Aprikosen.

ZUBEREITUNG
25 MIN

FÜR 4 PERSONEN

# Pissaladière aus Nizza
## mit Frühlingszwiebeln

**Für den Pizzateig**
* 5 g frische Hefe
* 250 ml lauwarmes Wasser
* 500 g Mehl
* 10 g feines Salz

**Für den Belag**
* 2 Bund Frühlingszwiebeln
* 2 EL Olivenöl
* 20 eingelegte Anchovis
* 15 schwarze Nizza-Oliven

**Für den Pizzateig** die Hefe im lauwarmen Wasser auflösen. Mehl und Salz in eine Schüssel geben. Die aufgelöste Hefe einrühren und gründlich verrühren. Sobald sich eine Teigkugel formen lässt, diese auf einer bemehlten Arbeitsfläche mindestens 15 Minuten kräftig durchkneten. Die Teigkugel auf ein mit Backpapier ausgelegtes Backblech legen und mit einem sauberen Küchentuch abdecken. 4 bis 6 Stunden an einem warmen Ort gehen lassen.

**Backofen auf 220 °C** vorheizen.

**Den Belag vorbereiten.** Die Zwiebeln waschen, schälen und in Scheiben schneiden. In einer Pfanne mit Olivenöl dünsten, aber nicht braun werden lassen. Die Hälfte der Anchovis klein schneiden und unter die Zwiebeln heben.

**Den Pizzateig** auf einer bemehlten Arbeitsfläche ausrollen und auf ein bemehltes oder mit Backpapier ausgelegtes Backblech legen. Die Zwiebelmischung darauf verteilen und mit den restlichen Anchovis und Oliven belegen. 10 Minuten backen, bis der Teig eine goldbraune Farbe annimmt. Frisch aus dem Ofen genießen.

VORBEREITUNG: 30 MIN    BACKZEIT:
GEHZEIT: 4 BIS 6 STUNDEN    20 MIN

FÜR
4 PERSONEN

# Ziegenfrischkäse-Terrine

## mit Spargeln und Schnittlauch

* 20 kleine, grüne Spargelstangen
* 6 Blatt Gelatine
* 100 ml Schlagsahne
* 400 g Ziegenfrischkäse
* 150 g Faisselle (franz. Quark-spezialität, s. S. 72)
* 4 EL Olivenöl
* 1/2 Bund Schnittlauch, fein geschnitten
* Meersalz (Fleur de Sel) und Pfeffer aus der Mühle

**Die Spargel** nur wenig schälen, waschen und 10 Minuten in Salzwasser kochen. Sie sollten gar, aber noch bissfest sein und ihre grüne Farbe behalten. Aus dem Kochwasser nehmen und kalt abschrecken.

**Die Gelatine in kaltem Wasser auflösen.** Die Sahne in einem kleinen Topf langsam erwärmen. Parallel dazu in einer Rührschüssel den Ziegenfrischkäse, den Quark und das Olivenöl mit dem Handrührgerät verquirlen, salzen und pfeffern. Die eingeweichte Gelatine leicht ausdrücken. Die Sahne von der Kochstelle nehmen und die Gelatine in der heißen Sahne auflösen. Gründlich verrühren. Die Sahne in die Frischkäsemischung rühren, den klein geschnittenen Schnittlauch unterheben, abschmecken und wenn nötig nachwürzen.

**Die Hälfte der Frischkäse-Zubereitung** in eine Terrine füllen und die Hälfte des Spargels darüber legen. Den Vorgang wiederholen und mit einer Schicht Spargel abschließen. Die Terrine mindestens vier Stunden vor dem Servieren kalt stellen.

ZUBEREITUNG: 25 MIN KÜHLZEIT:
KOCHZEIT: 10 MIN 4 STUNDEN

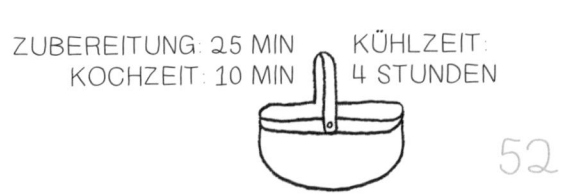

FÜR
6 PERSONEN

# Risotto mit grünem Spargel

## und Parmesan

* 1 Zwiebel
* 4 EL Olivenöl
* 400 g Arborio-Reis (Risotto-Reis)
* 100 ml trockener Weißwein

* 1 l warmer Geflügelfond
* 2 Bund grüner Spargel
* 50 g frisch gehobelter Parmesan
* Salz und Pfeffer aus der Mühle

**Die Zwiebel schälen** und fein würfeln. In einem Keramik-Schmortopf 2 Esslöffel Olivenöl erhitzen und die Zwiebeln darin vorsichtig glasig dünsten. Den Reis einrühren und auf kleiner Flamme 2 Minuten heiß werden lassen, bis er ebenfalls glasig ist.

**Die gesamte Menge Weißwein** auf einmal angießen und dabei weiterrühren, bis der Reis die Flüssigkeit vollständig aufgenommen hat. Eine Kelle Geflügelfond hinzufügen und weiterrühren, bis der Reis ihn absorbiert hat, mit dem restlichen Geflügelfond genauso verfahren.

**Währenddessen den Spargel** sparsam schälen, in kurze Stücke schneiden und in Salzwasser fünf Minuten blanchieren. Vorhalten.

**Sobald der Risottoreis** weich zu werden beginnt, die Spargelstücke hinzufügen und weiter rühren. Eine letzte Kelle Fond angießen und langsam durchziehen lassen. Salzen und pfeffern. Vor dem Servieren mit Parmesanspänen bestreuen.

Als besondere Raffinesse kann man einige gehackte oder in Scheiben geschnittene Trüffel in das Risotto geben.

FÜR
4 PERSONEN

# Provenzalische Focaccia mit

## Artischocken und Kirschtomaten

* 1 Bund kleine, grün-violette Artischocken
  (Poivrade-Artischocken)
* 6 Kirschtomaten
* 1 Zitrone
* 1 EL Olivenöl

**Für den Teig**
* 1 Päckchen Trockenhefe
* 2 EL lauwarmes Wasser
* 500 g Mehl
* 10 g feines Salz
* 3 EL Olivenöl

**Für den Teig** in einer kleinen Schale die Hefe in lauwarmem Wasser auflösen und 5 Minuten ruhen lassen. Das Mehl mit dem Salz in eine Backschüssel geben. Die angerührte Hefe, 250 ml Wasser und Olivenöl hinzufügen. Zu einem glatten, elastischen Teig verarbeiten. Anschließend von Hand oder mit dem Rührgerät 10 Minuten kneten. Den Teig in eine Schüssel legen, mit einem sauberen Küchentuch bedecken und 3 Stunden an einem warmen Ort gehen lassen.

**Währendessen die Tomaten waschen,** trocken tupfen und vierteln. Die harten äußeren Hüllblätter der Artischocken rundum abziehen. Die Blätter und das Heu bis auf den Boden abschneiden und mit einem kleinen, scharfen Messer grüne Stellen und Heureste entfernen. Die Schnittstellen sofort mit Zitronensaft beträufeln und die Artischockenböden

in eine Schüssel mit Wasser und den ausgepressten Zitronenhälften legen. Dann in dünne Scheiben schneiden, kurz abtropfen lassen und im Olivenöl kurz hellgelb anröstet.

**Den gut aufgegangenen Teig** flach drücken und in zwei Teile teilen. Eine Teighälfte auf der bemehlten Arbeitsfläche oval ausrollen. Die Artischockenscheiben und Tomaten darauf verteilen. Mit einem Messer den Teig sechsmal ährenförmig einschneiden. Mit dem zweiten Teigstück genauso verfahren. Beide Fladenbrote eine weitere Stunde gehen lassen.

**Den Backofen auf 250 °C vorheizen** und eine Schale Wasser auf den Boden des Backofens stellen. Die Brote 20 Minuten backen, bis sie goldbraun sind.

ZUBEREITUNG: 35 MIN  BACKZEIT:
GEHZEIT: 4 STUNDEN  20 MIN

56

FÜR 2
FLADENBROTE

# Pasta mit Muscheln und Artischocken

**Harte, äußere Hüllblätter** der Artischocken rundherum abziehen. Die restlichen Blätter und das Heu bis an den Boden abschneiden, mit einem kleinen, scharfen Messer grüne Stellen und Heureste entfernen. Die Schnittstellen sofort mit Zitronensaft beträufeln und die Böden in eine Schüssel mit den ausgepressten Zitronenhälften legen.

**Die Venusmuscheln** unter fließendem Wasser waschen und mit Knoblauch und Zwiebel in einen Kochtopf geben. Die Muscheln auf kleiner Flamme erhitzen, dabei den Wein angießen. Bei geschlossenem Deckel weiterkochen, bis die Muscheln sich geöffnet haben.

**In einem großen Topf** reichlich Salzwasser zum Kochen bringen. Die Pasta hineingeben und nach Packungsanweisung bissfest kochen. Währenddessen die Muscheln aus dem Sud nehmen und warm stellen. Den Sud auf mittlerer Flamme reduzieren.

**Die Artischockenböden halbieren** und in einer tiefen Pfanne mit zwei Esslöffeln Olivenöl anbraten. Salzen und pfeffern. Wenn die Artischockenböden eine goldgelbe Färbung angenommen haben, etwas Wasser angießen und köcheln lassen, bis das Wasser verdampft ist.

**Die Pasta abseihen,** mit dem restlichen Olivenöl beträufeln, in den Topf mit dem reduzierten Muschelfond füllen und die Artischocken sowie die Muscheln hinzufügen. Abschmecken und mit Petersilie bestreuen. Sofort genießen.

* 2 Bund kleine, grün-violette Artischocken (Poivraden-Artischocken)
* 1 Zitrone
* 1 kg Venusmuscheln
* 1 Frühlingszwiebel, in feinen Scheiben
* 2 Knoblauchzehen, gehackt
* 200 ml trockener Weißwein
* 500 g Pasta (Spaghetti oder Linguine)
* 4 EL Olivenöl
* 5 Stängel glatte Petersilie, gehackt
* Meersalz (Fleur de Sel) und Pfeffer aus der Mühle

FÜR 4 PERSONEN

59

# Mini-Blechkartoffeln mit
# Thymian und geräuchertem Salz

* 1 kg Kartoffeln, kleine Sortierung (Drillinge)
* 4 EL Olivenöl
* 10 Zweige frischer Thymian
* 2 Messerspitzen geräuchertes Salz
* Pfeffer aus der Mühle

**Den Backofen** auf 200 °C vorheizen.

**Kartoffeln waschen, gründlich abbürsten** und trocken tupfen. Anschließend halbieren. Ein Backblech großzügig mit Öl einfetten. Die halbierten Kartoffeln mit dem restlichen Öl, den Thymianblättchen und dem geräucherten Salz mischen.

**Die Kartoffelhälften** mit der Schnittfläche nach unten auf das Backblech legen. 20 bis 25 Minuten im vorgeheizten Backofen backen. Die Schnittflächen der Kartoffeln müssen gut geröstet und knusprig sein. Pfeffern und sofort servieren, zum Beispiel zu gegrilltem Fleisch.

FÜR
4 PERSONEN

# Kartoffel-Pizza mit Scamorza
## und Trüffelcreme

### Für den Pizzateig
* 5 g frische Hefe
* 25 ml lauwarmes Wasser
* 500 g Mehl
* 10 g feines Salz

### Für den Belag
* 10 Kartoffeln, kleine Sortierung
  (Drillinge)
* 1/2 Scamorza
* 4 EL Crème fraîche
* 1 EL gehackte Trüffel
* 1 EL Olivenöl
* Meersalz (Fleur de Sel) und Pfeffer
  aus der Mühle

**Den Pizzateig zubereiten.** Die Hefe in lauwarmem Wasser auflösen. Mehl und Salz in eine Backschüssel geben. Die aufgelöste Hefe in eine Vertiefung in der Mitte gießen. Gut durchrühren und eine Teigkugel formen. Diese auf einer bemehlten Arbeitsfläche mindestens 15 Minuten kräftig durchkneten. Anschließend zwei Teigkugeln daraus formen, auf ein mit Backpapier ausgelegtes Backblech legen, mit einem sauberen Geschirrtuch bedecken und langsam 4 bis 6 Stunden an einem warmen Ort gehen lassen.

**Die Kartoffeln waschen,** schälen und in dünne Scheiben schneiden. In einer Bratpfanne in Olivenöl leicht goldbraun anrösten. Währenddessen den Scamorza in dünne Scheiben schneiden und die

Trüffel unter die Crème fraîche mischen. Salzen, pfeffern und beiseite stellen.

**Den Backofen auf 250 °C vorheizen.** Jede Teigkugel leicht andrücken und wiederum halbieren. Jedes Teigstück zu einer kleinen, runden Pizza ausrollen. Die vier Pizzen auf ein bemehltes Blech legen. Mit der Trüffelcreme bestreichen, mit Kartoffelscheiben und Scamorza belegen. Salzen, pfeffern und 5 bis 10 Minuten im vorgeheizten Backofen goldbraun backen.

Scamorza ist ein italienischer Käse, der wie Mozzarella oder Provolone zu den Brühkäsesorten zählt und kurz in Salzlake reift, jedoch getrocknet und gelegentlich geräuchert verkauft wird. Typisch ist seine Birnenform.

FÜR
4 PIZZEN

# Gegrillte Maiskolben
# mit Salzbutter

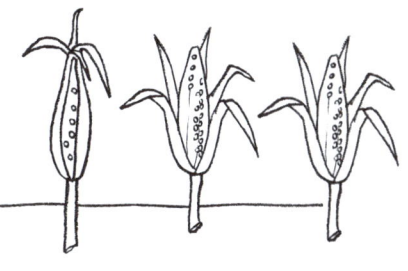

**Von den Maiskolben** neben den Blättern auch sämtliche Haare (die bräunlichen Fäden) sorgfältig entfernen. In einem großen Topf Salzwasser zum Kochen bringen und die Maiskolben 20 Minuten darin garen. Abseihen.

**Reichlich Butter und Salz** über die Maiskolben geben und sie dann bei mittlerer Hitze auf dem Grill oder in der Pfanne rösten. In jedes Ende ein Holzstäbchen stecken, dann die Maiskolben sofort verzehren.

Dieses Rezept ist ideal für sommerliche Grillfeste. Auf jeden Fall sollten Sie die Maiskolben vorkochen, bevor Sie diese in die Pfanne oder noch besser auf den Grill legen. Am besten stellt man ein Schüsselchen mit zerlassener Salzbutter bereit und bestreicht die Maiskolben damit bei jedem Wenden.

* 4 bis 8 Maiskolben
* 40 g mild gesalzene Butter
* Meersalz (Fleur de Sel)

FÜR
4 PERSONEN

VORBEREITUNG:
5 MIN

KOCH- UND BRATZEIT:
30 MIN

# Raita mit Gurken

* 1 Salatgurke
* 1/2 Bund Minze
* 2 Frühlingszwiebeln
* 250 g Naturjoghurt
* 2 EL Crème fraîche
* 1 EL Kümmelsamen
* Meersalz (Fleur de Sel) und Pfeffer aus der Mühle

**Die Salatgurke** waschen und trocken tupfen. Mit dem Küchenhobel in sehr dünne Scheiben schneiden. Minze waschen, abtrocknen und fein hacken. Die Zwiebeln waschen und klein schneiden.
**In einer Schale** den Joghurt mit der Crème fraîche verquirlen. Mit Kümmel, Salz und Pfeffer würzen. Die Gurkenscheiben, Zwiebeln und Minze untermischen. Abschmecken und wenn nötig nachwürzen.

Die Raita ist ein mild gewürztes, erfrischendes indisches Gericht, das oft einen Hauptgang begleitet, jedoch auch als Vorspeise gereicht werden kann. Geben Sie ruhig einmal Tomaten oder Obst mit hinein. Und schließlich können Sie die Raita mit Schafs- oder Ziegenjoghurt noch würziger machen.

FÜR
4 PERSONEN

ZUBEREITUNG:
20 MIN

# Bagels mit Gurke
# und Räucherlachs

**Für das Hefegebäck**
* 1 Päckchen Trockenhefe
* 250 ml lauwarmes Wasser
* 500 g Mehl
* 10 g Zucker
* 10 g feines Salz
* 1 Eigelb + 1 Ei
* 30 g Butter, zerlassen
* 3 EL Backpulver

**Für den Belag**
* 200 g Frischkäse (z. B. Philadelphia)
* Saft von 1 Zitrone
* 8 Stängel Dill
* 1/2 Salatgurke, in Scheiben
* 4 Scheiben Räucherlachs
* Rosa Pfeffer
* Meersalz (Fleur de Sel) und Pfeffer
  aus der Mühle

**Für den Hefeteig** die Hefe in lauwarmem Wasser auflösen, gut durchrühren und zehn Minuten ruhen lassen. In einer Schüssel das Mehl, den Zucker, das Salz und das Eigelb gründlich mischen. Die aufgelöste Hefe dazugeben und alles zu einem glatten Teig verarbeiten. Die zerlassene Butter untermischen und den Teig auf einer bemehlten Arbeitsfläche 15 Minuten kräftig durchkneten.
**Den Teig in eine Schüssel legen,** mit einem sauberen Küchentuch abdecken und 2 Stunden gehen lassen. Der Teig muss zur doppelten Menge aufgehen. Danach den Teig flach drücken, in 4 Teile teilen und diese zu Kugeln formen. Die Kugeln auf ein bemehltes Backblech legen und mit dem Daumen in die Mitte ein Loch drücken. Den Teig dabei so formen, dass ein Ring entsteht. Eine weitere Stunde gehen lassen.

**Den Backofen** auf 180 °C vorheizen. In einem großen Topf Wasser mit dem Backpulver zum Kochen bringen. Jeden Bagel von jeder Seite 2 Minuten kochen. Aus dem Wasser nehmen und auf Küchenpapier abtropfen lassen. Das Ei aufschlagen und die Bagels darin wenden. Auf ein mit Backpapier belegtes Backblech legen und 20 bis 25 Minuten goldbraun backen. Erkalten lassen.
**Den Frischkäse** mit dem Zitronensaft und ¾ des gehackten Dills vermengen. Salzen und pfeffern. Die Bagels aufschneiden, kurz unter den Grill des Backofens oder auf den Toaster legen, anschließend mit dem Frischkäse bestreichen. Jeweils eine Scheibe Lachs darauf geben. Mit dem restlichen Dill und dem rosa Pfeffer bestreuen und mit Gurkenscheiben belegen. Die Bagels zuklappen und sofort genießen.

FÜR
4 PERSONEN

# BESONDERE ZUTATEN

*Das* **Bouquet garni** *ist ein Kräutersträußchen, das zum Würzen in Suppen oder Eintöpfe gehängt und nach dem Kochen entfernt wird. Es besteht normalerweise aus 3 Stängeln Petersilie, 1 Zweig Thymian und 1 Lorbeerblatt*

**Faisselle** *ist eine französische Frischkäse-Spezialität, ein ungerührter, bröckeliger, sehr saftiger Quark, vergleichbar mit Schichtkäse oder dem polnischen Twarog, jedoch noch etwas lockerer. Man kauft Faisselle in kleinen Bechern mit einem Siebeinsatz, der den Quark in der Molke hält. In Deutschland ist sie in den Gourmetabteilungen z.B. des Kaufhofs erhältlich, von französischen Marken wie Rians.*

*Die Salatsorte* **Little Gem** *ist eine Unterart des Romana-Salats, die vor allem als kleine Salatherzen verkauft wird. Sie schmeckt leicht süßlich-nussig.*

*Danke an Margot Lhomme und Christiane Perrochon für die zauberhaften Keramiken. Und Danke an Florence für ihre wertvolle Unterstützung.*

**VERLAGSGRUPPE PATMOS**

**PATMOS**
**ESCHBACH**
**GRÜNEWALD**
**THORBECKE**
**SCHWABEN**

Die Verlagsgruppe
mit Sinn für das Leben

Aus dem Französischen von Christine Frauendorf-Mössel

Alle Rechte vorbehalten
© der deutschen Ausgabe 2016 Jan Thorbecke Verlag der Schwabenverlag AG, Ostfildern

© der Originalausgabe unter dem Titel: Legumes d'été – Tomates, Courgettes, Poivrons ... 2014 Larousse
www.thorbecke.de

Umschlaggestaltung: Finken und Bumiller, Stuttgart
Umschlagfotos: Valérie Lhomme
Gestaltung: Claire Morel-Fatio
Satz: Schwabenverlag AG, Ostfildern
Druck: Gráficas Estella
Hergestellt in Spanien
ISBN 978-3-7995-1033-2